# Ce que j'aime

# Ce que je déteste

_____

_____

_____

_____

_____

_____

_____

_____

# Mes Choses Préférées...

_____
_____
_____
_____
_____
_____
_____
_____
_____
_____
_____

Ma meilleure année a l'école était...

# Ami(ies)...

# Les qualités que j'aime chez mes amis(ies)...

_____
_____
_____
_____
_____
_____
_____
_____
_____

_____
_____
_____
_____
_____
_____

# Les qualités que je n'aime pas chez mes ami(e)s)...

_____
_____
_____
_____
_____
_____
_____
_____
_____
_____
_____
_____
_____

Être Moi,
Ce qu'il y a de
Meilleur...

Être moi, ce qu'il y a de pire...

Fête ou
Weekend
Préféré

# Ce que j'aime à propos de moi...

_____

_____

_____

_____

_____

_____

_____

_____

_____

_____

_____

_____

_____

_____

# Ce que je n'aime pas (à propos de moi)...

_____

_____

_____

_____

_____

_____

_____

_____

_____

_____

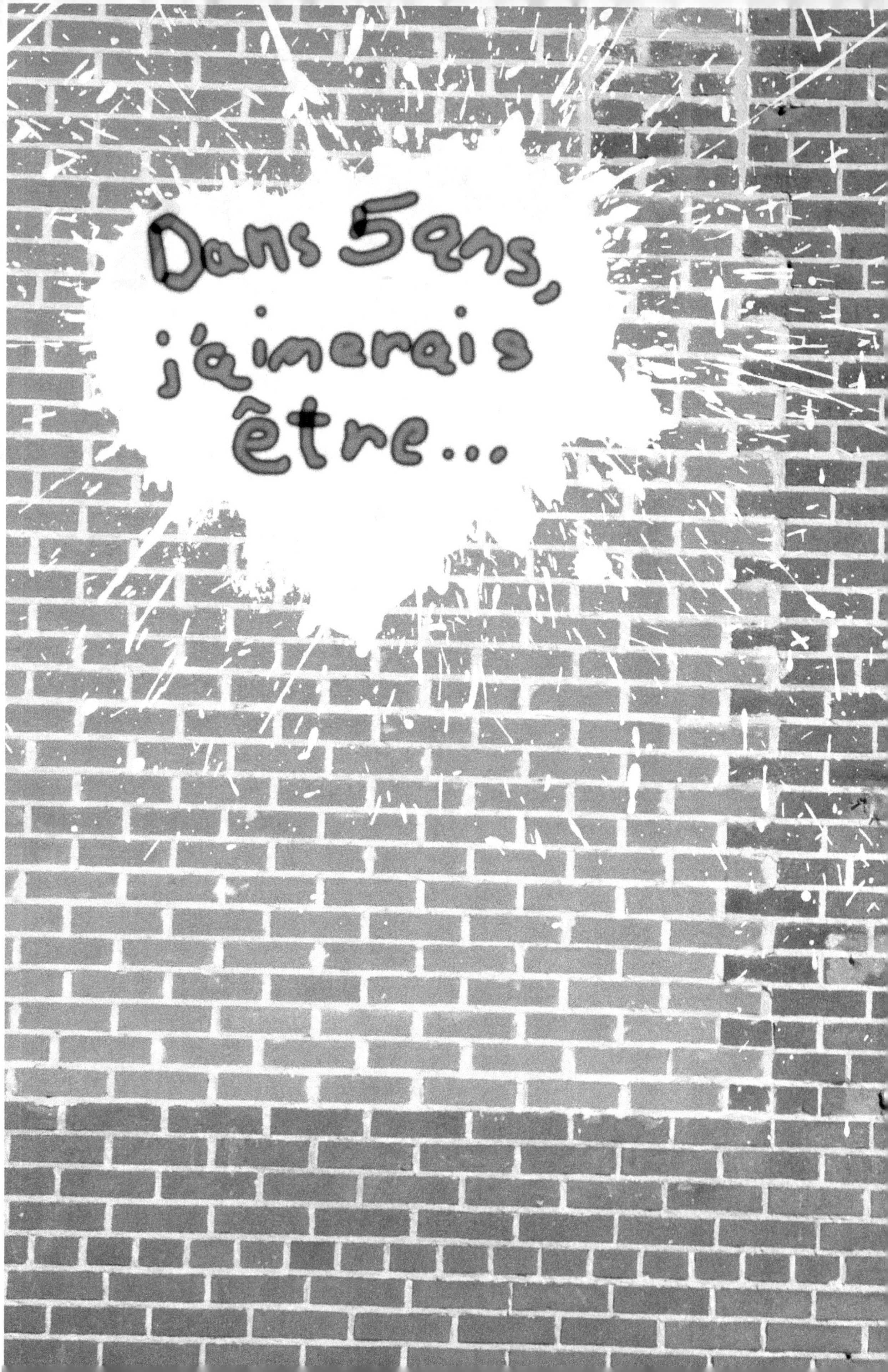
Dans 5 ans, j'aimerais être...

Lorsque je me regarde dans le miroir, je vois....

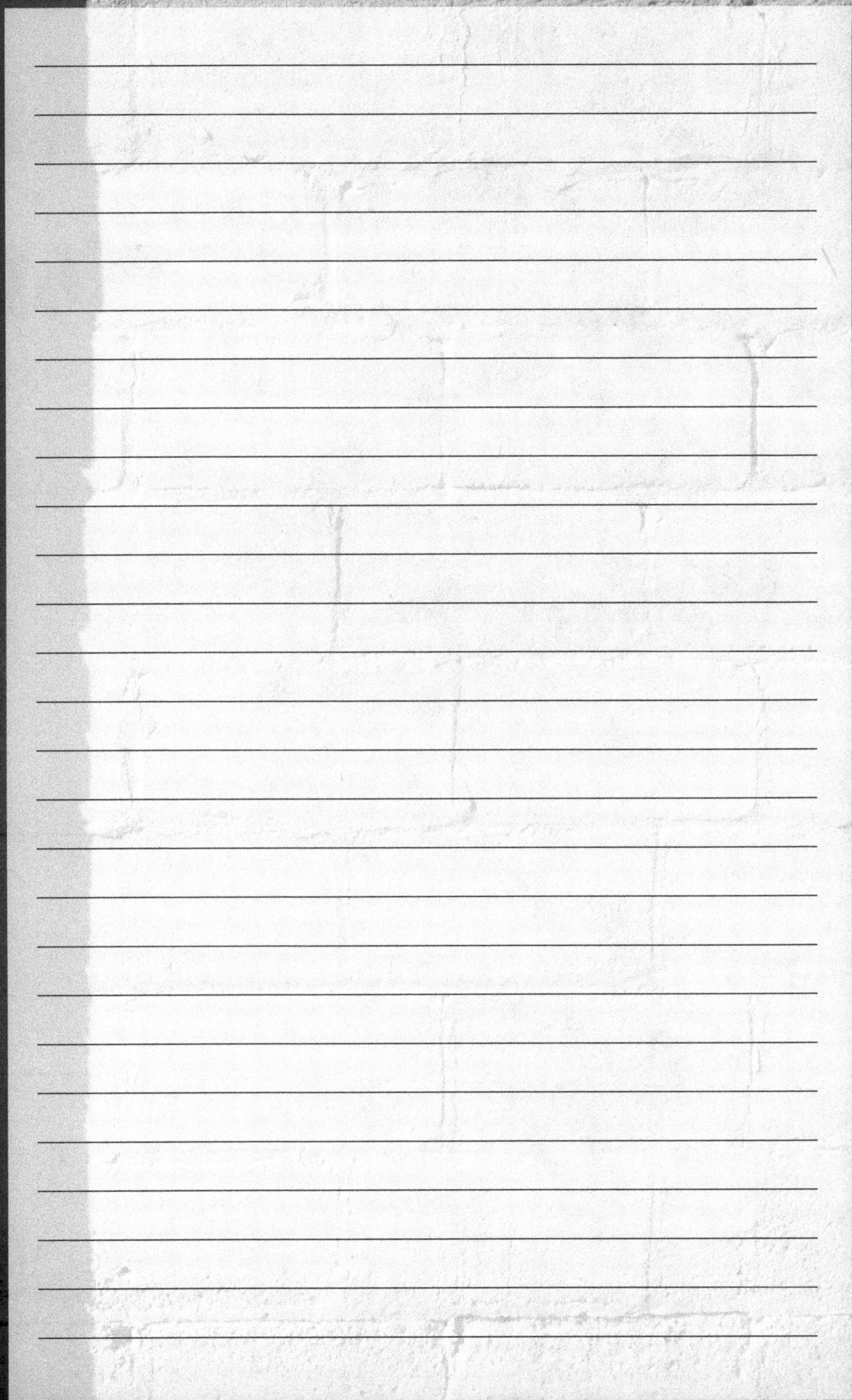

Lorsque les gens ne regardent, je crois qu'ils voient...

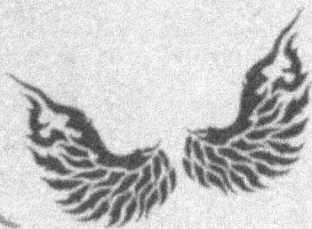

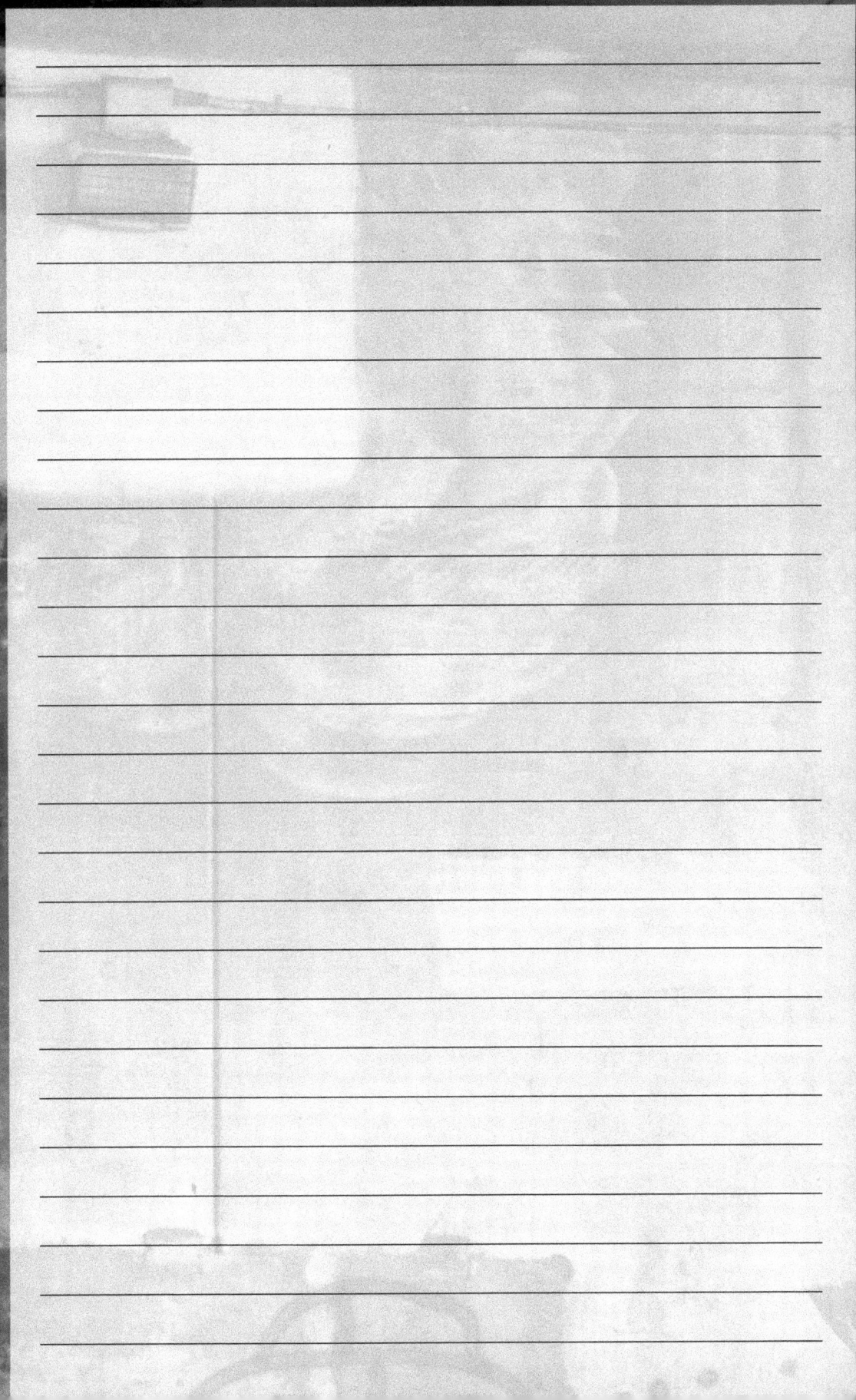

Ce qui me rend heureux (euse)...

Ce qui
m'énerve...

Lorsque je suis
fâché(e)...

j'ai l'air de...
je me sens
comme ...
je dis...

Mes plus
grandes peurs
ou
inquiétudes
Sont...

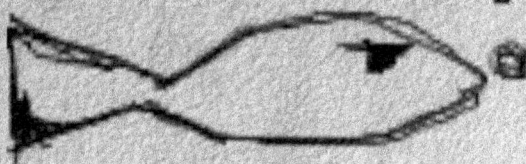

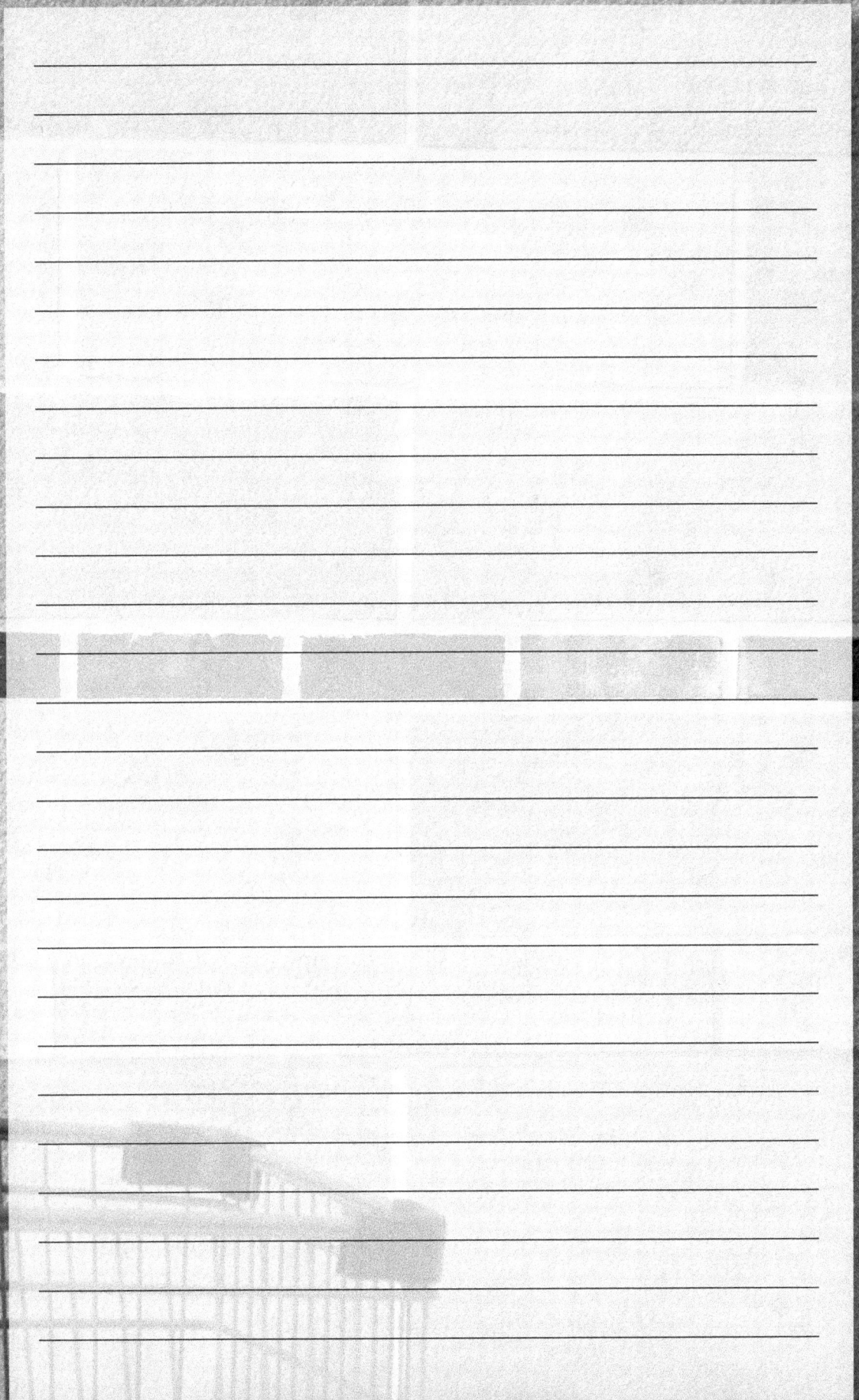

Si je gagnais la loterie je pourrais...

_____
_____
_____
_____
_____
_____
_____
_____

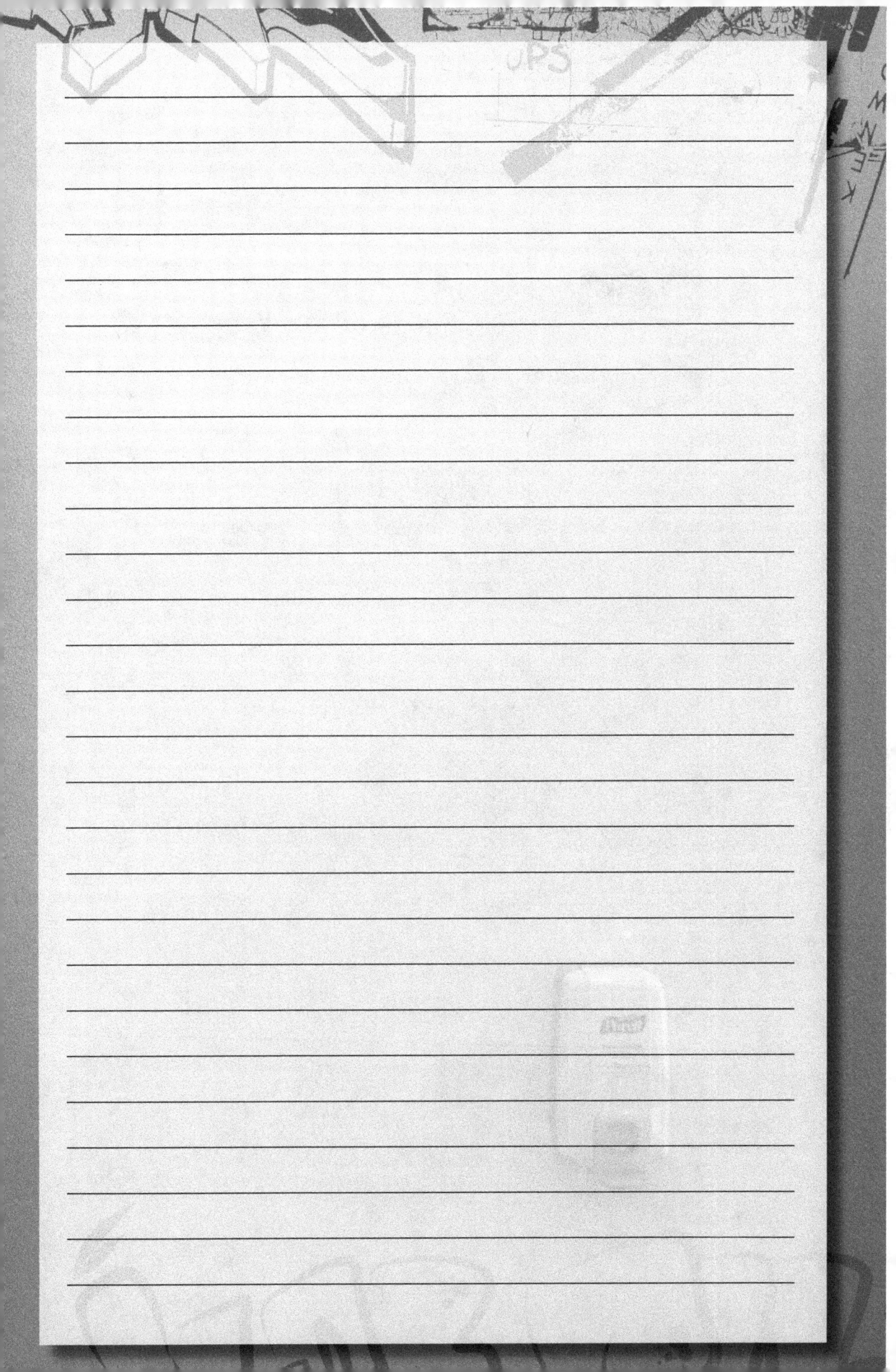

# Les Parents idéaux seraient ceux qui ...

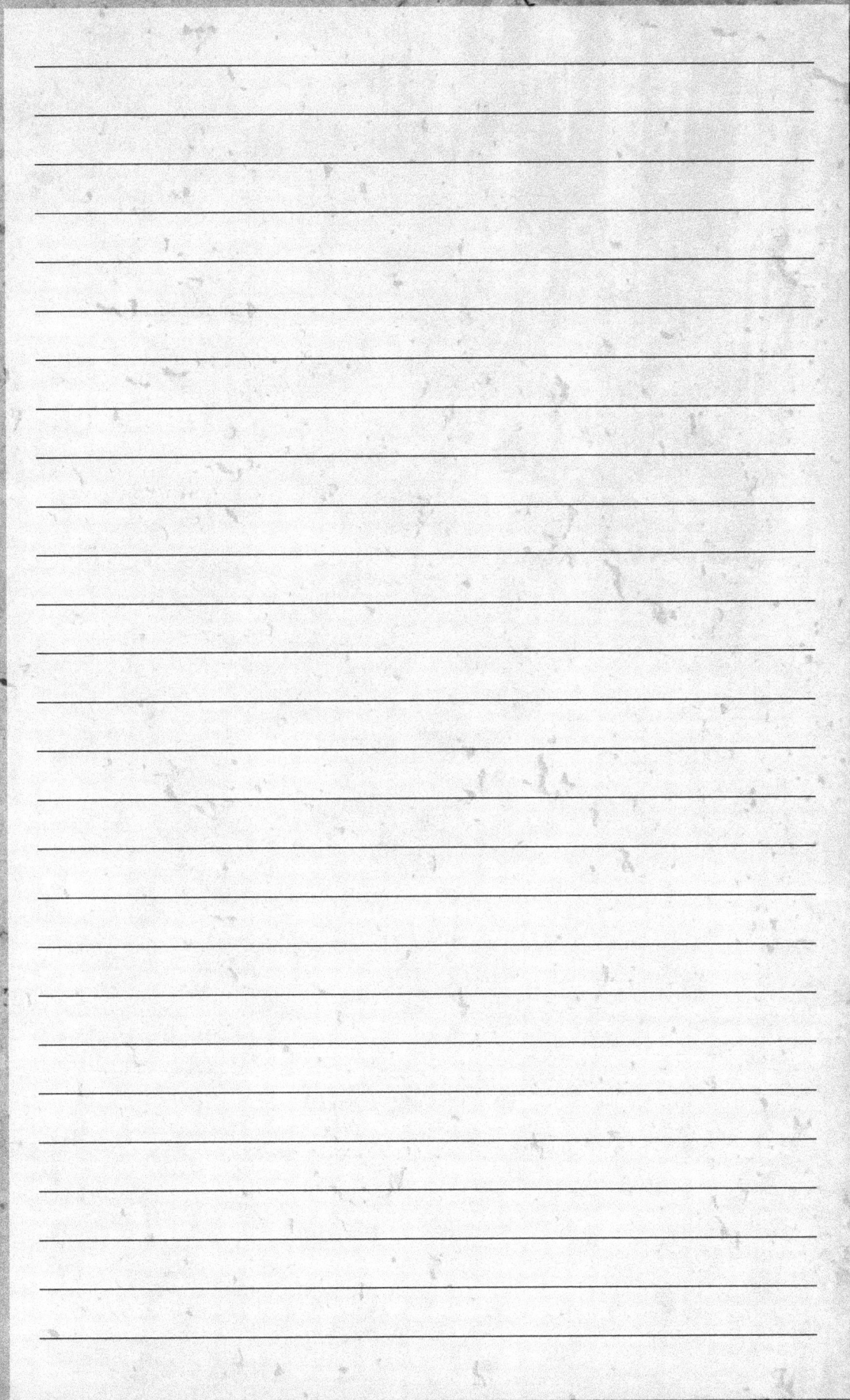

Si je pouvais
Voyager n'importe
où dans
le Monde
j'irais ...

Les choses
que je peux
changer vs...

Les choses que je
ne peux pas
changer...

# J'écris dans ce journal Parce que...

_____

_____

_____

_____

_____

_____

_____

_____

_____

_____

_____

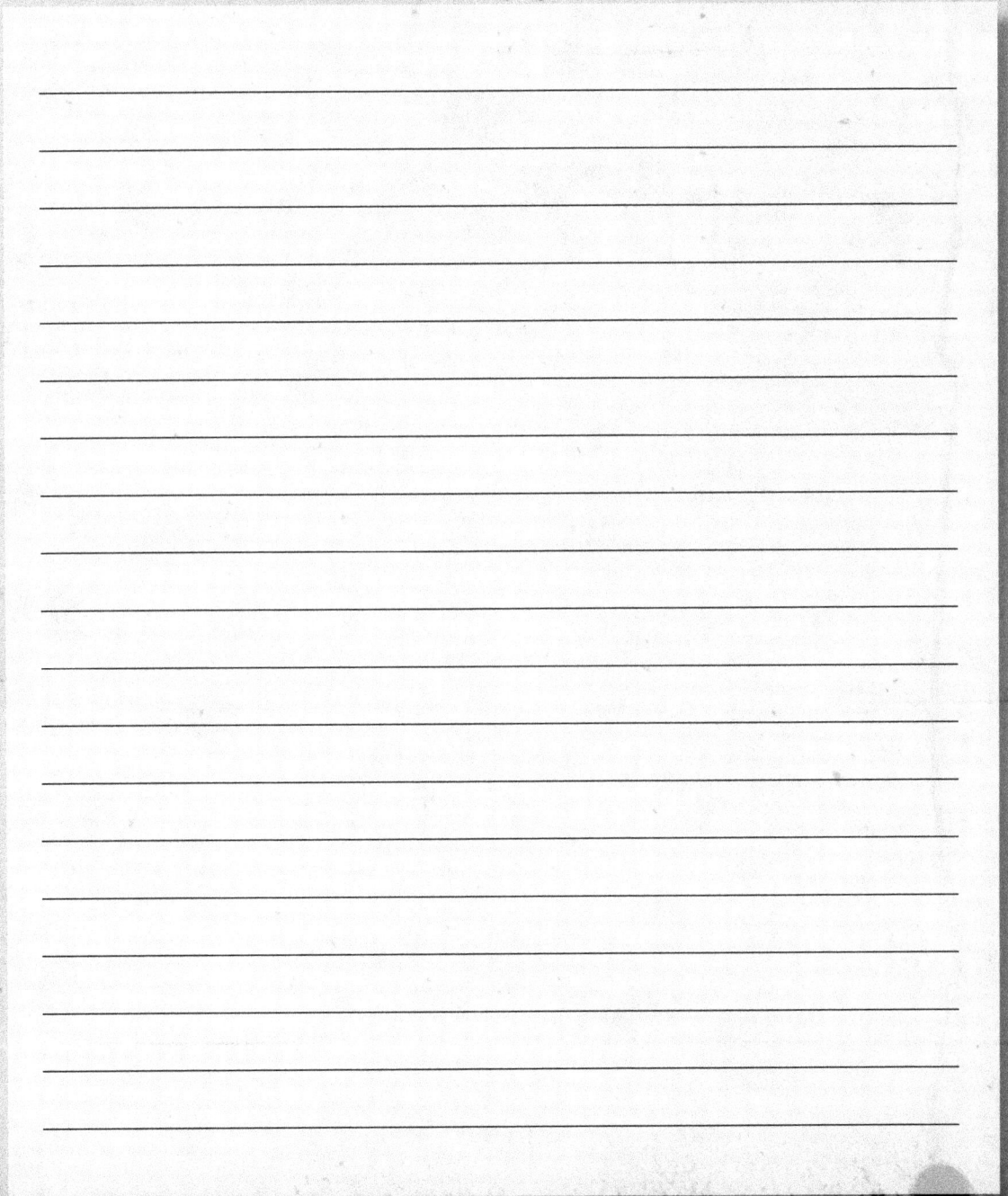

# J'ÉCRIS DANS CE JOURNAL PARCE QUE...

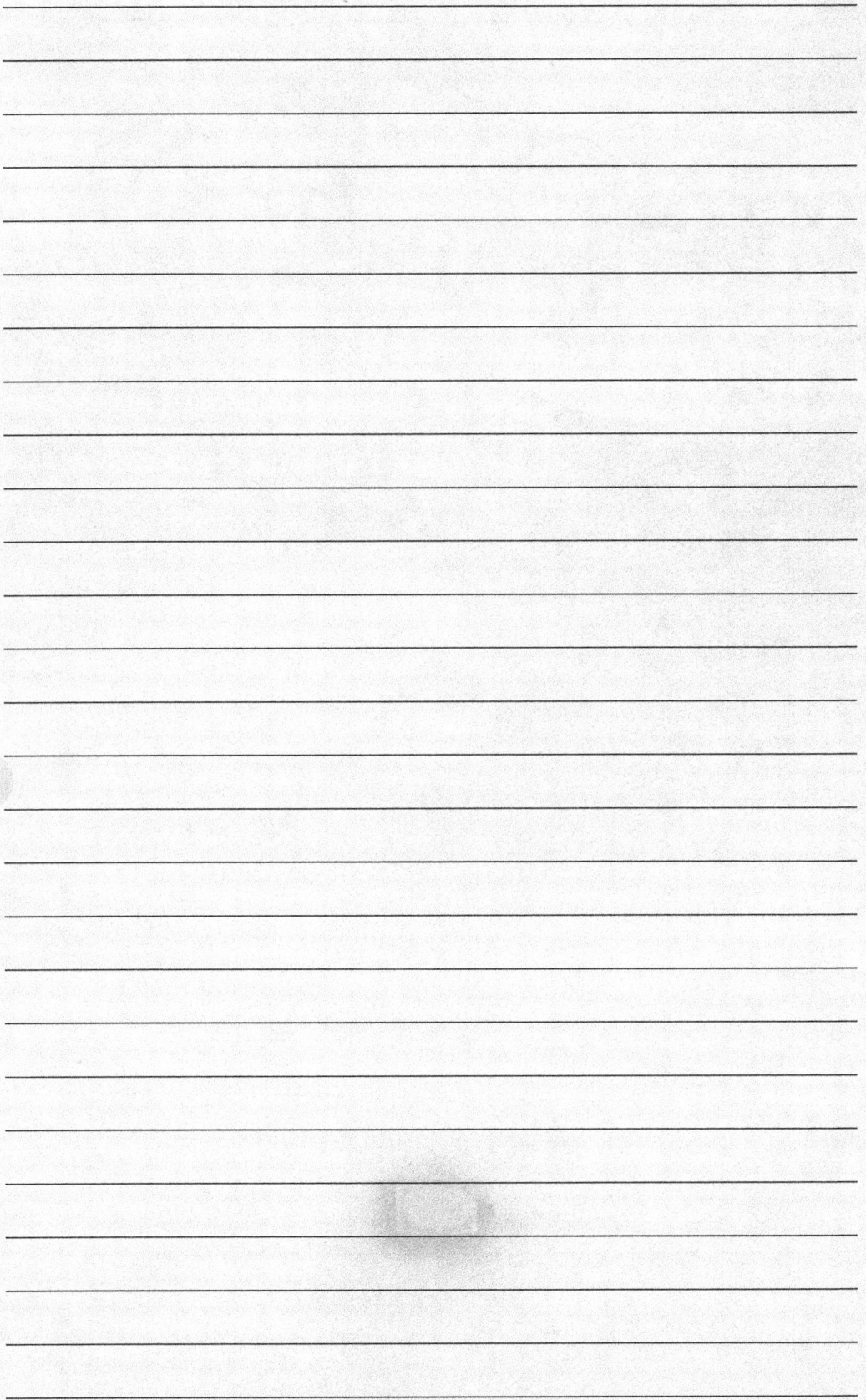

JE CROIS QUE MES AMIS (IES) DISENT QUE JE...

_____
_____
_____
_____
_____
_____
_____
_____

82

J'ai
Beaucoup
de
Difficulté
à...

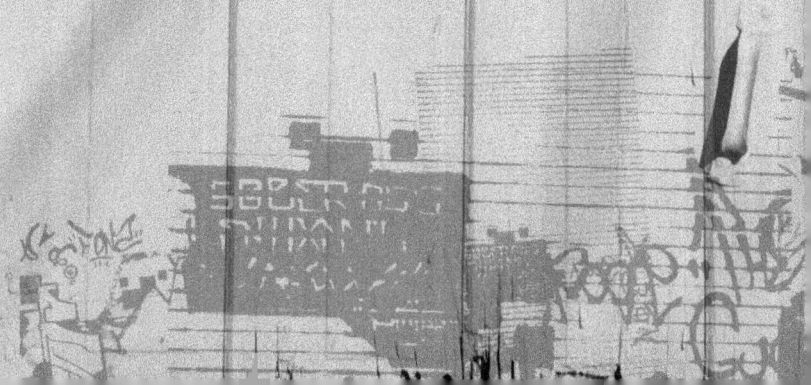

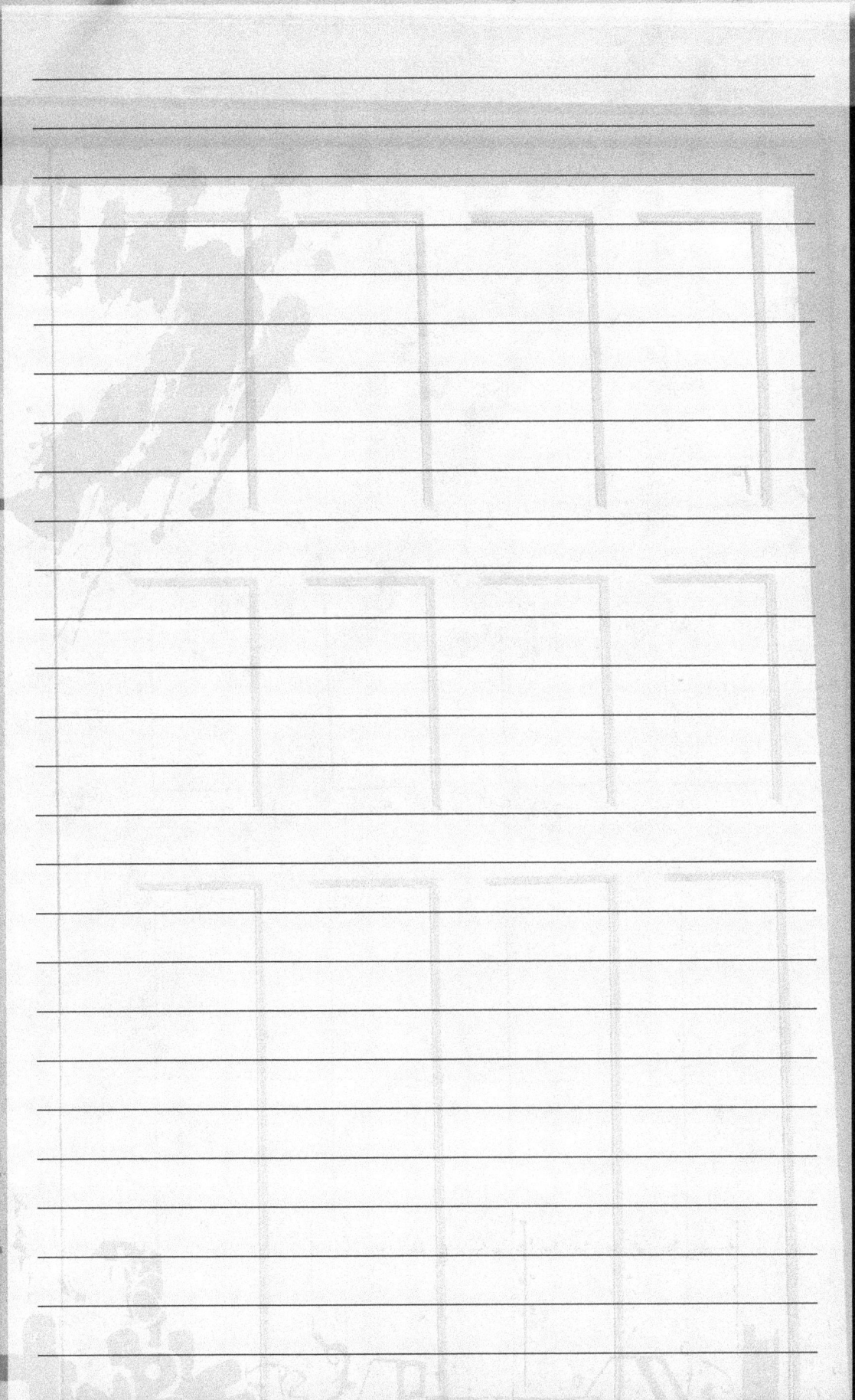

Mes 10 règles de vie sont...

Le meilleur
Compliment
qu'on m'a
jamais
fait...

CERTAINES PERSONNES ME TAQUINENT À PROPOS DE...

# Je m'attends à ce que mes parents...

Les Personne
Les plus
importantes
dans ma
vie sont...

# MES MEILLEURES
# HABITUDES SONT...

ME SPIRES

HARITUDES

SONY 003

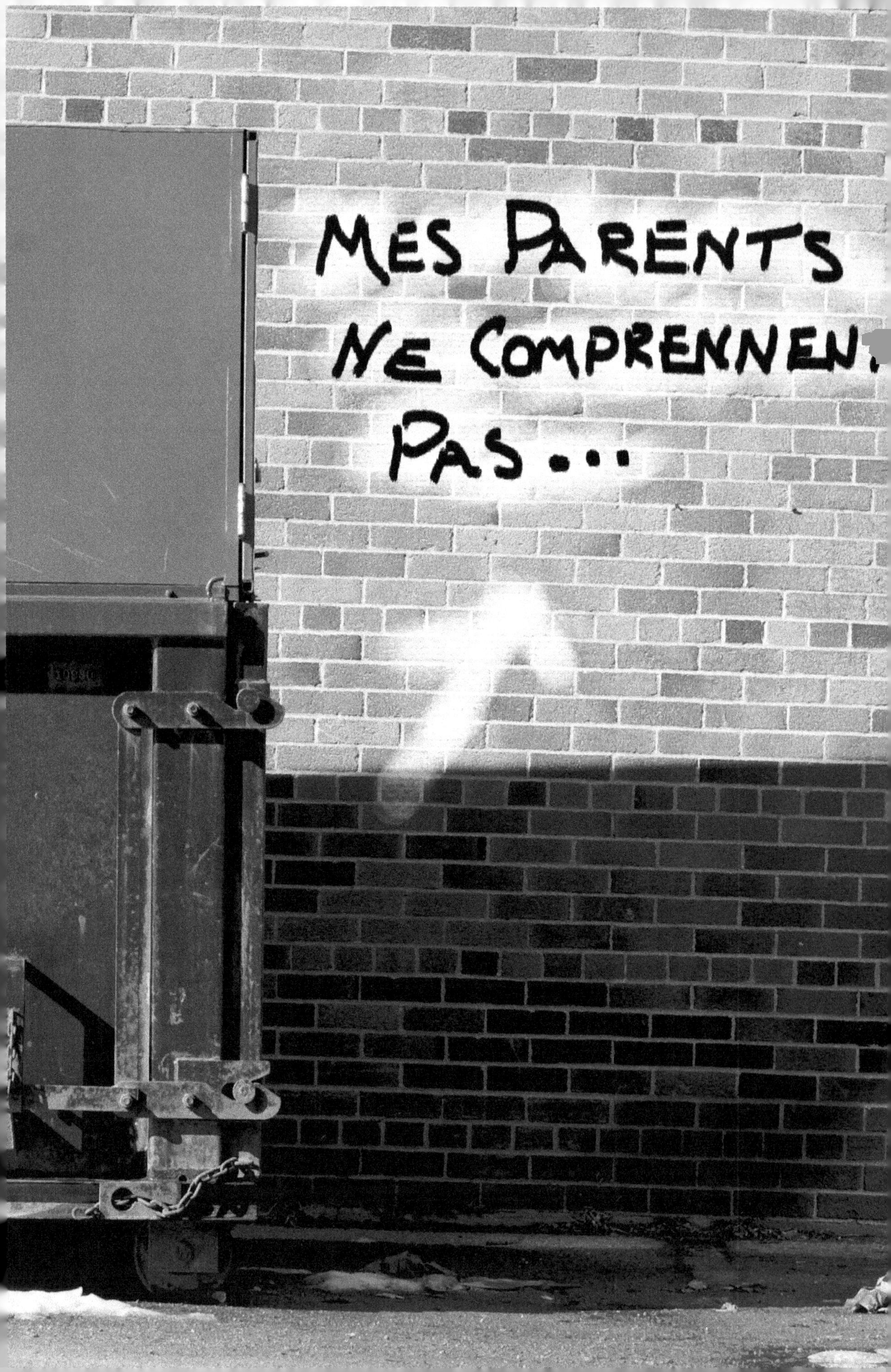
MES PARENTS
NE COMPRENNENT
PAS...

CE QUI

M'EFFRAIE

LE PLUS...

Si je pouvais
être invisible
je pourrais...

Se je pouvais
choisir
n'importe
quel super-pouvoir,
je choisirais...

# MES MEILLEURES CARACTÉRISTIQUES SONT...

Si les gens me
connaissaient
réellement,
ils sauraient

que...

Dire la vérité
aux gens est
difficile...
"

Si je pouvais
Changer certaines
règles chez moi,
je changerais...

Ma journée
idéale
serait...

SPRINKLER ROOM

Mon Temps
Préféré
de l'année
est...

Se je pouvais
Recommencer
une journée,
je choisirais

———————————

parce que...

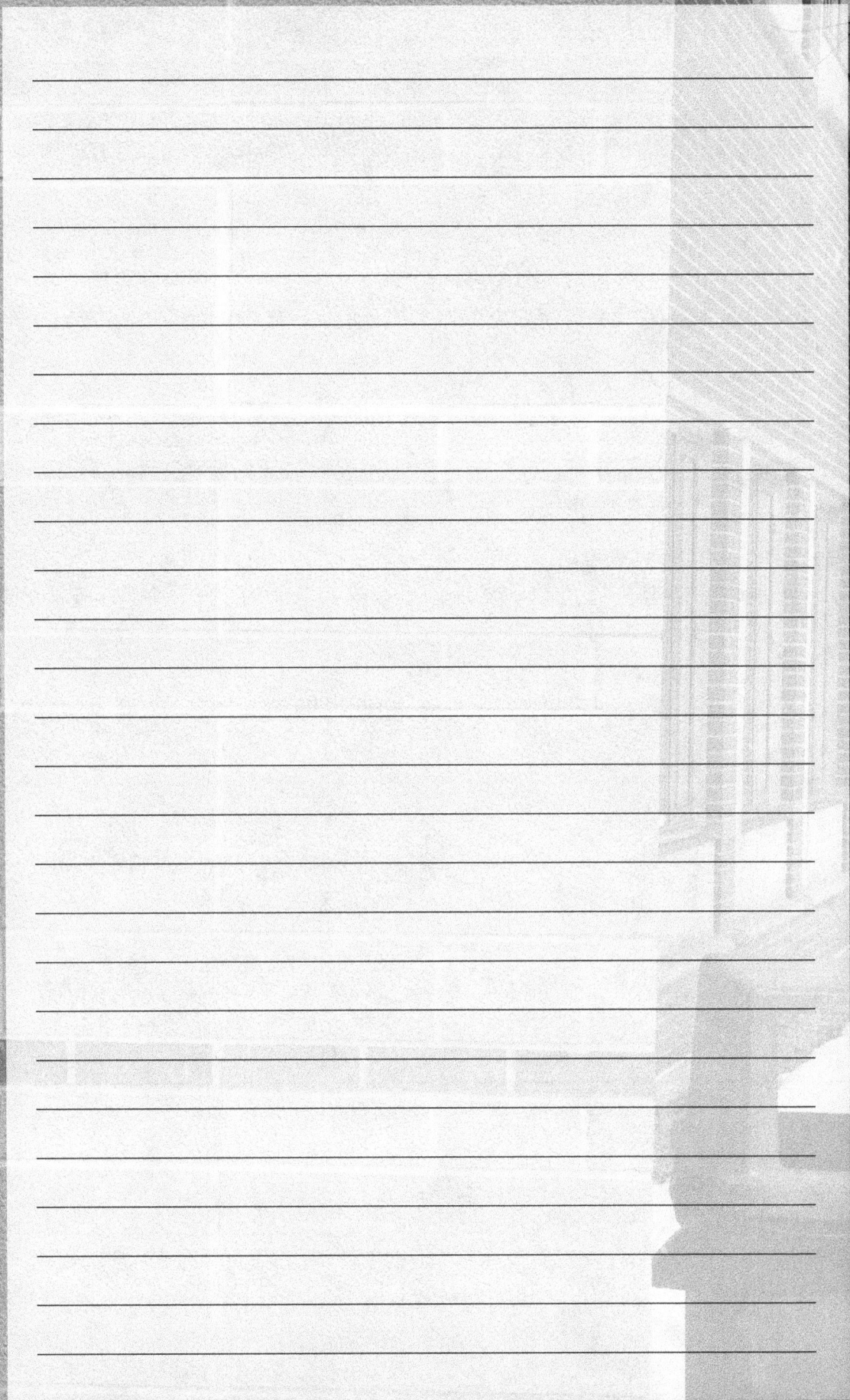

MA JOURNÉE
PRÉFÉRÉE
DE LA SEMAINE
EST . . .

J'ai été
incapable de
garder la confiance
de quelqu'un
en...

J'ai gagné
la confiance
de quelqu'un
en....

Je blâme
Quelqu'un
pour quelque
chose
que j'ai
faite...

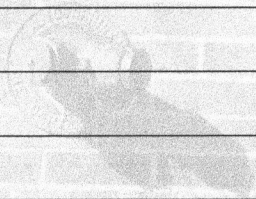

Je me sens plus proche
de _ _ _ _ _ _ _ _ _ _
dans ma Famille
parce que ooo

# LORSQUE LES GENS PARLENT DE MOI, J'AIMERAIS QU'ILS DISENT...

Je suis
Reconnaissant(e)
de...

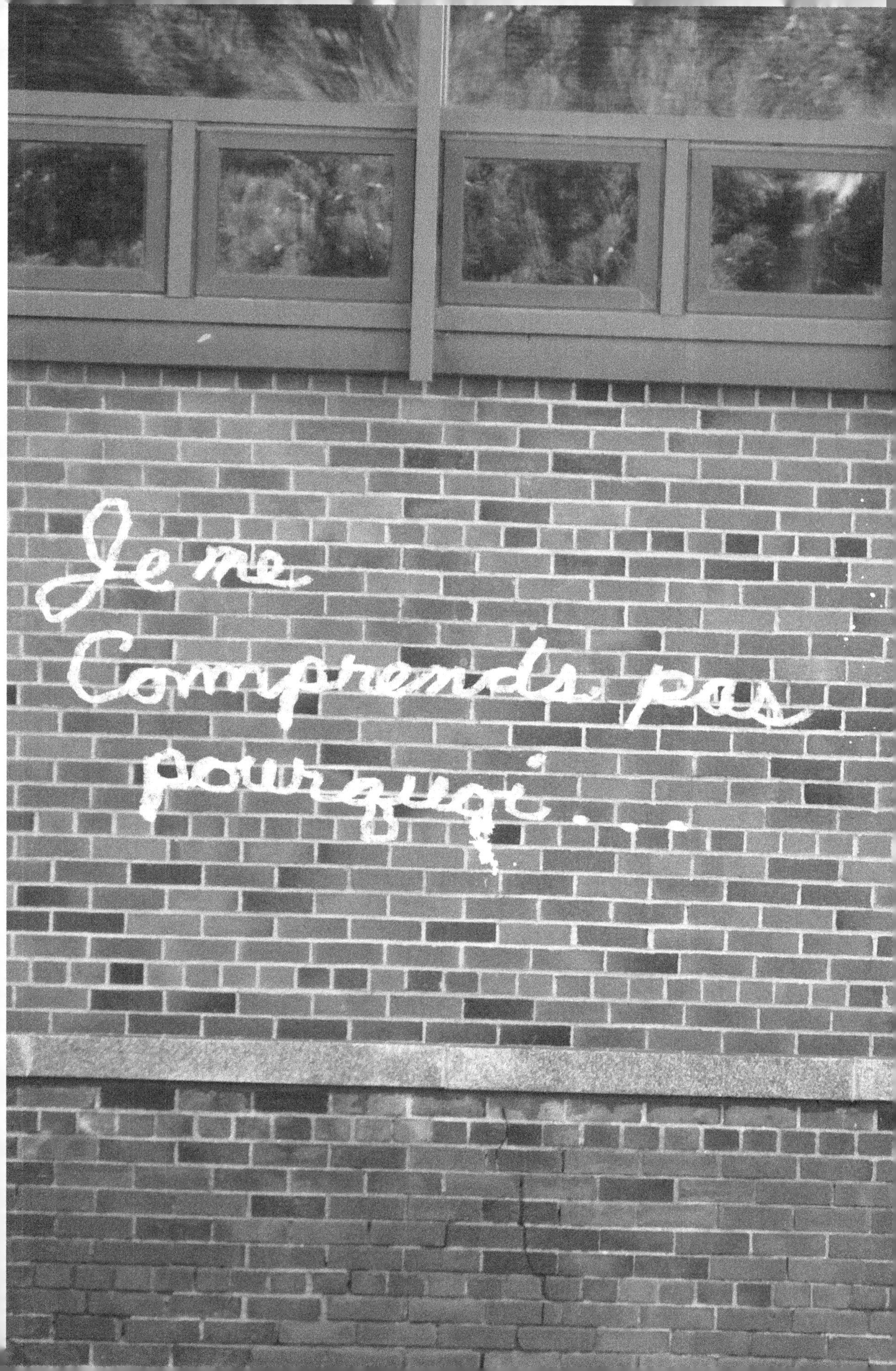
Je me
Comprends pas
pourquoi...

Cela ne fait pas de Sens...

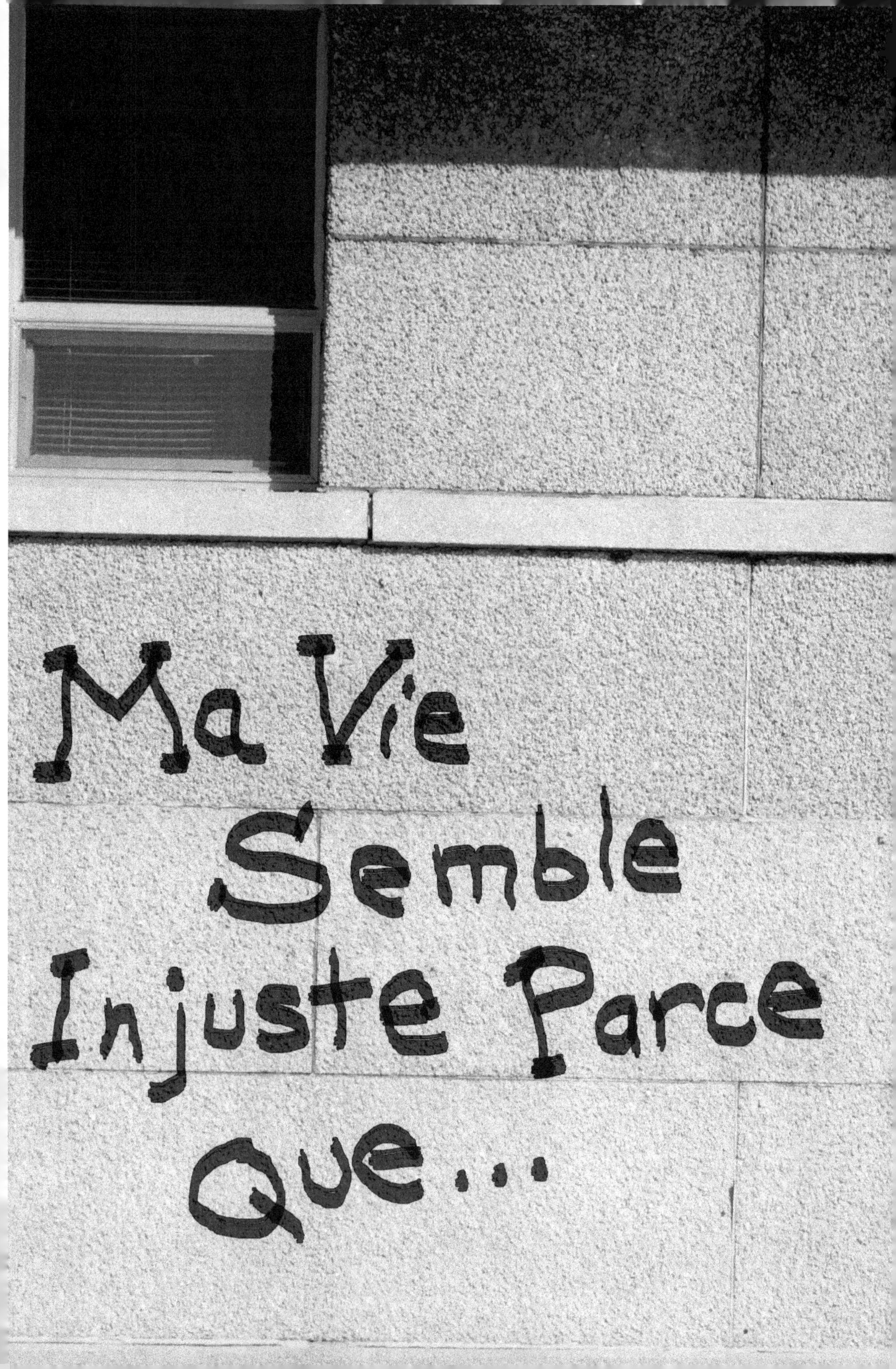
Ma Vie
Semble
Injuste Parce
Que...

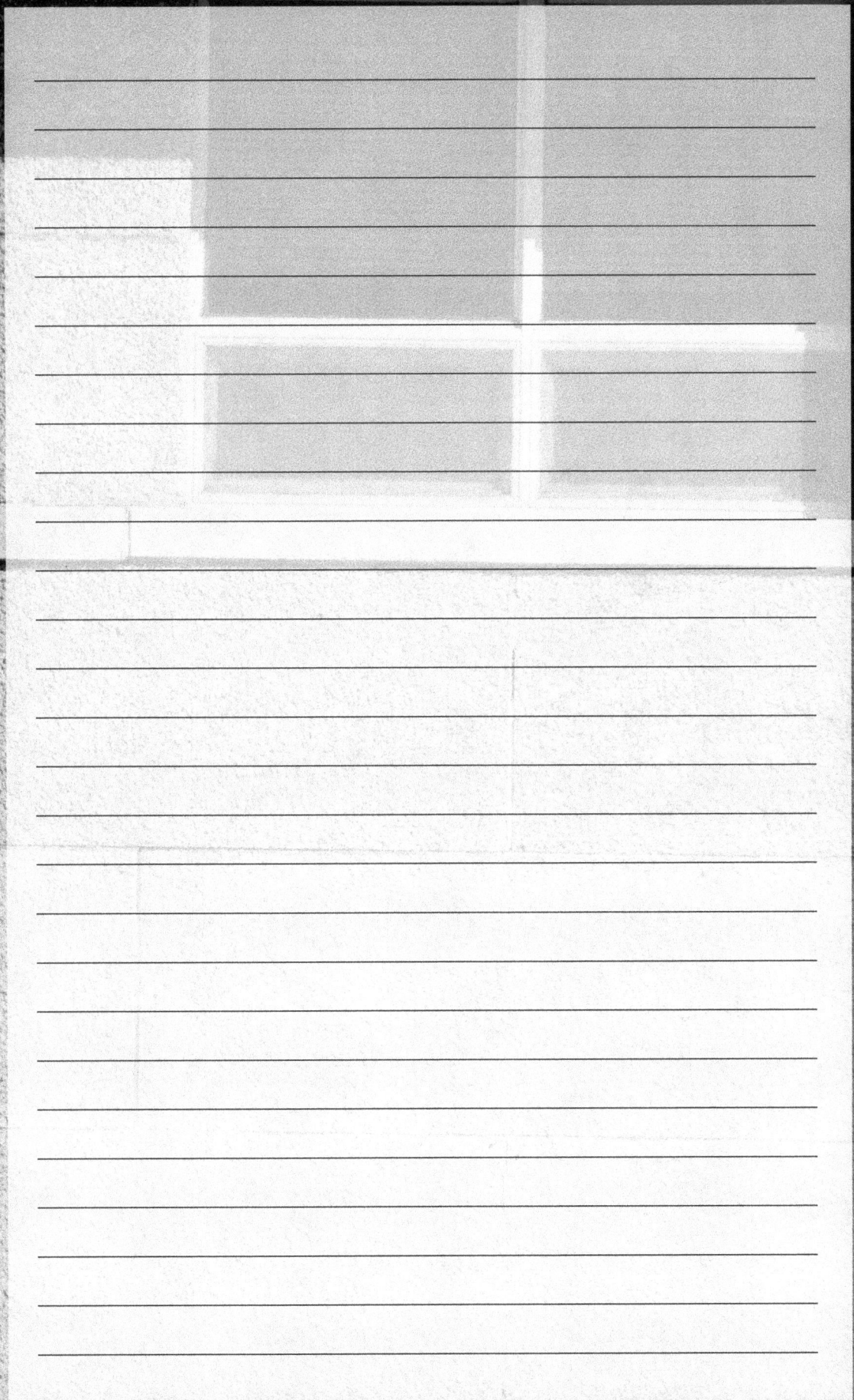

Ma fête préférée de l'année est...

J'aimerais qu'on
se souvienne
de moi
pour...

Ma Pire
Qualité
est...

Ma
Meilleure
Qualité
Est...

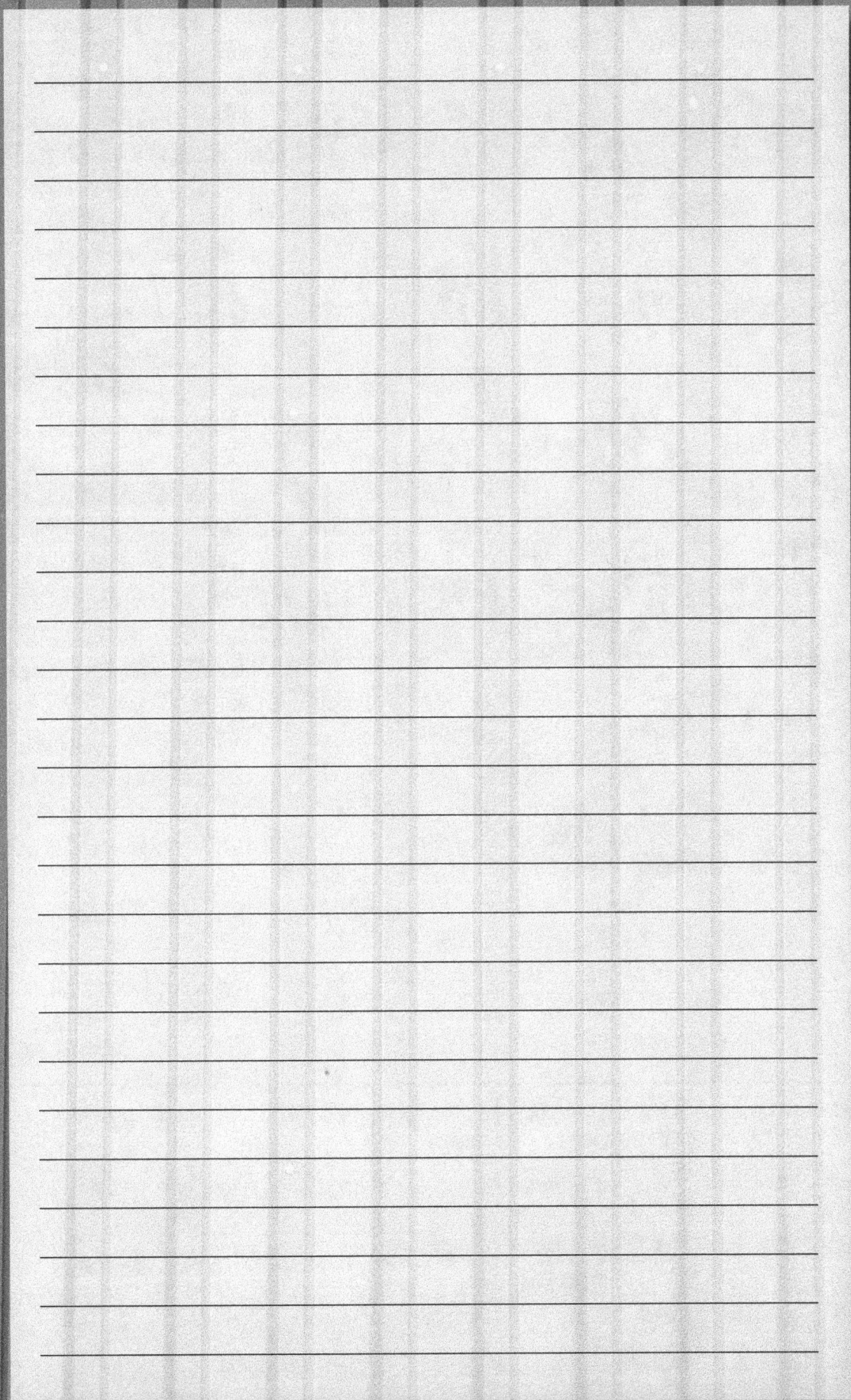

MaVie
Est Parfois
Difficile
Lorsque...

Je Résous
mes querelles
En...

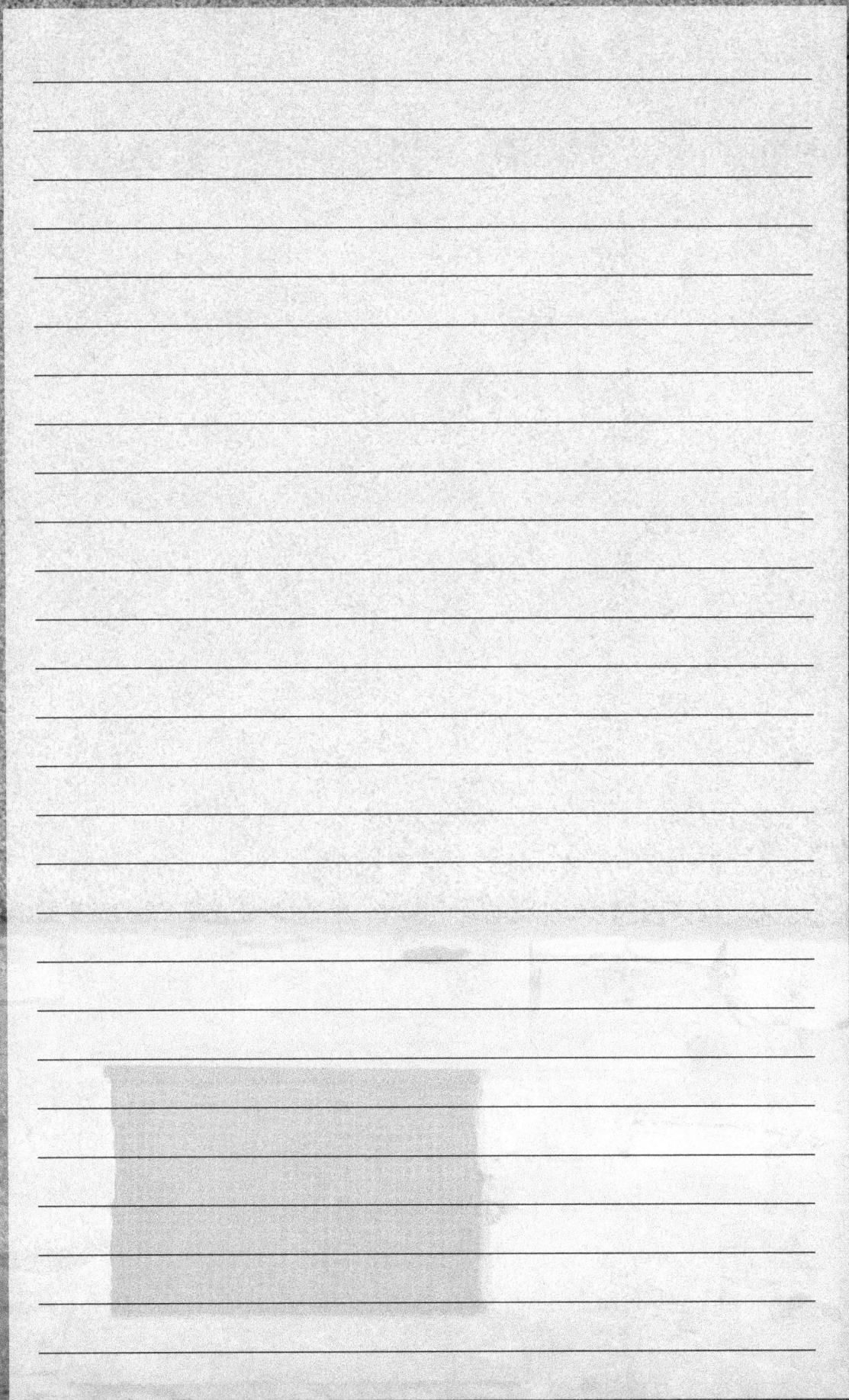

LA PLUS GRANDE
QUERELLE QUE
J'AI EUE AVEC
DES AMIS (es)
ÉTAIT...

Les
Emplois
que j'aimerais
le mieux
avoir sont...

# Mon Passe-temps Préféré Est...

Les Devoirs Sont...

Mon Enseignant(e)
Dirait que
Je Suis...

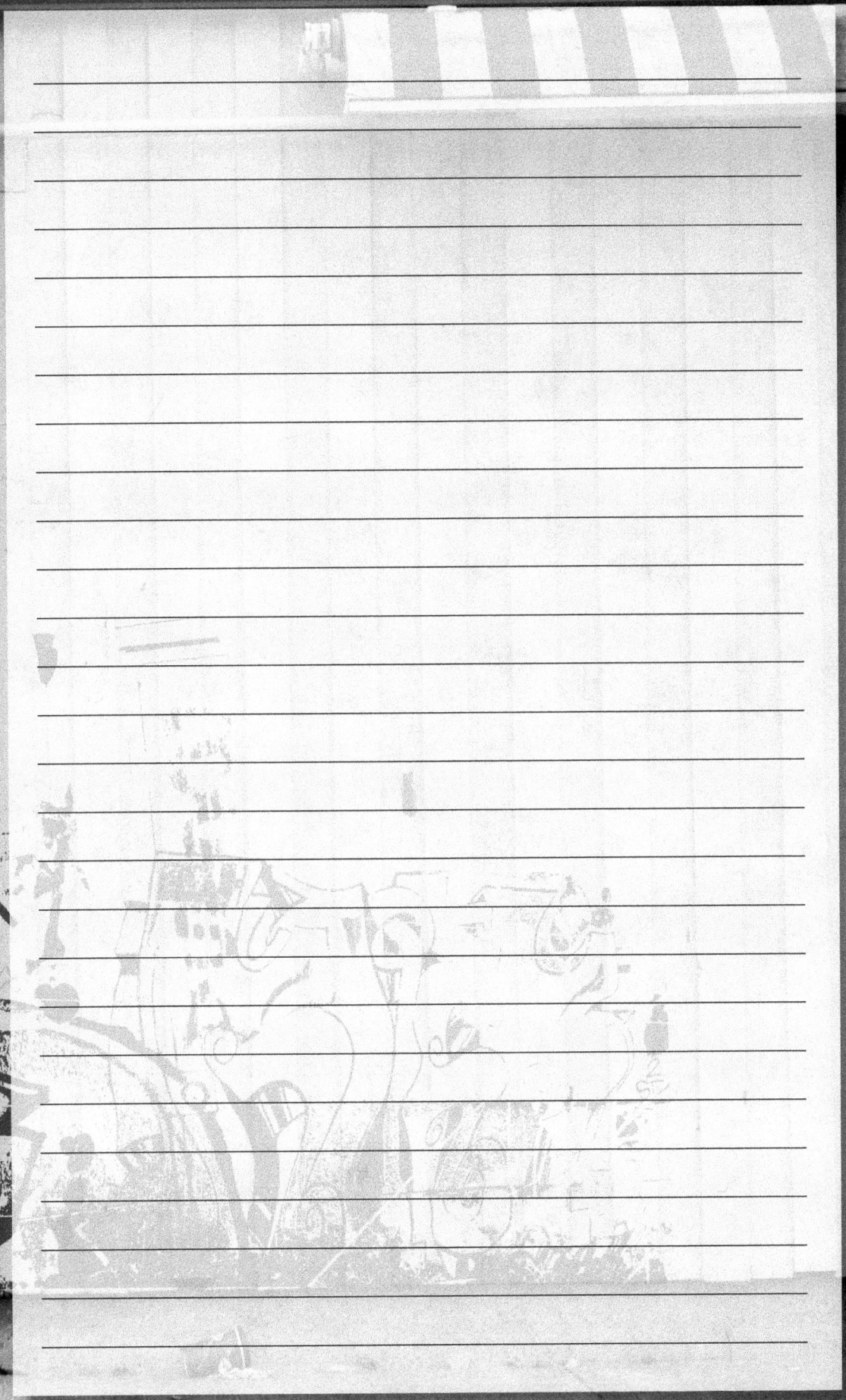

Les 25
Traits
D'une Belle
Personne
Sont...

L'épreuve La
Plus Douloureuse
que j'ai vécue
était...

Je me sens
inquiet(e) ou
Nerveux (se)
Lorsqe...

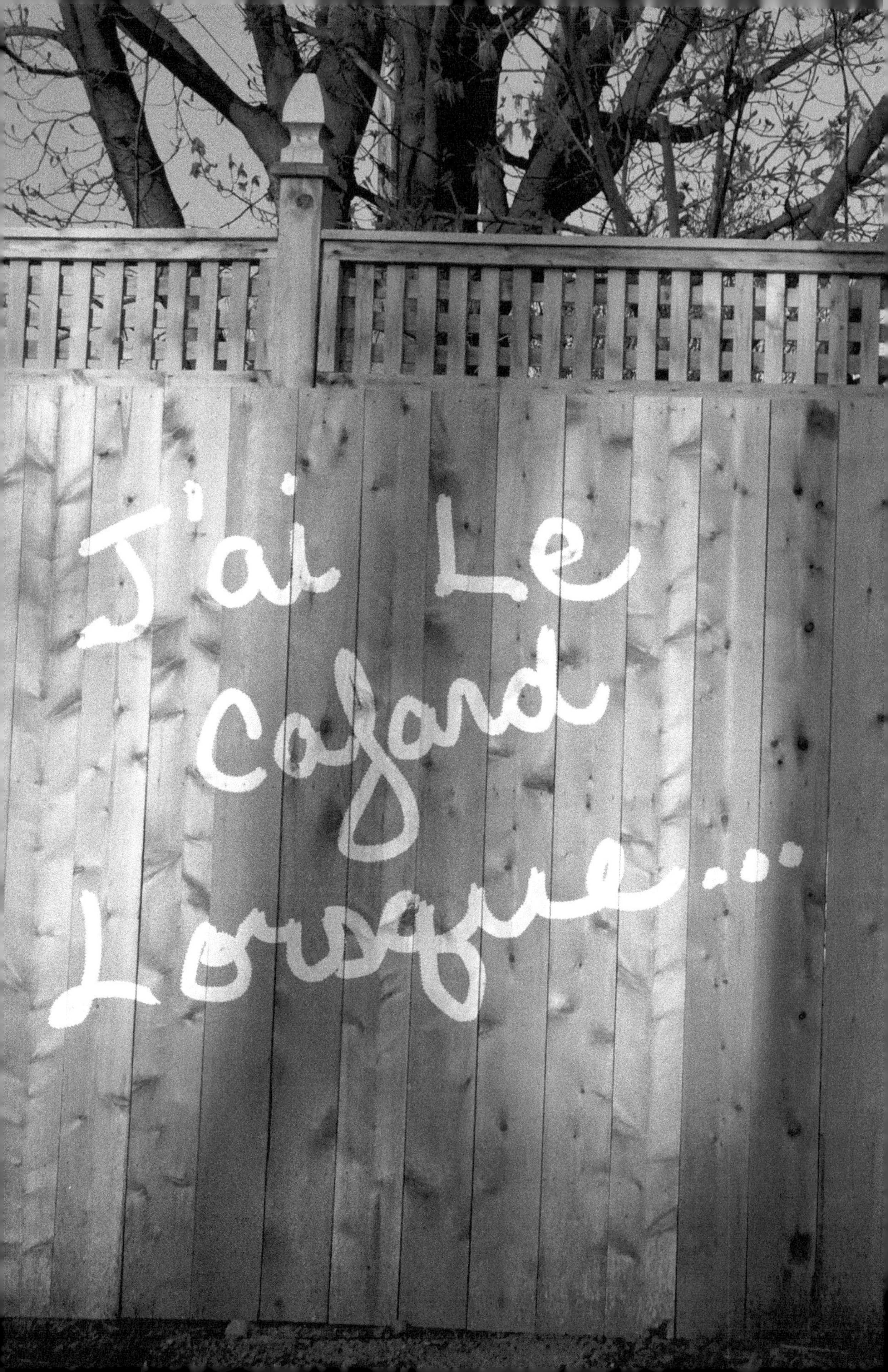
J'ai Le
Cafard
Lorsque...

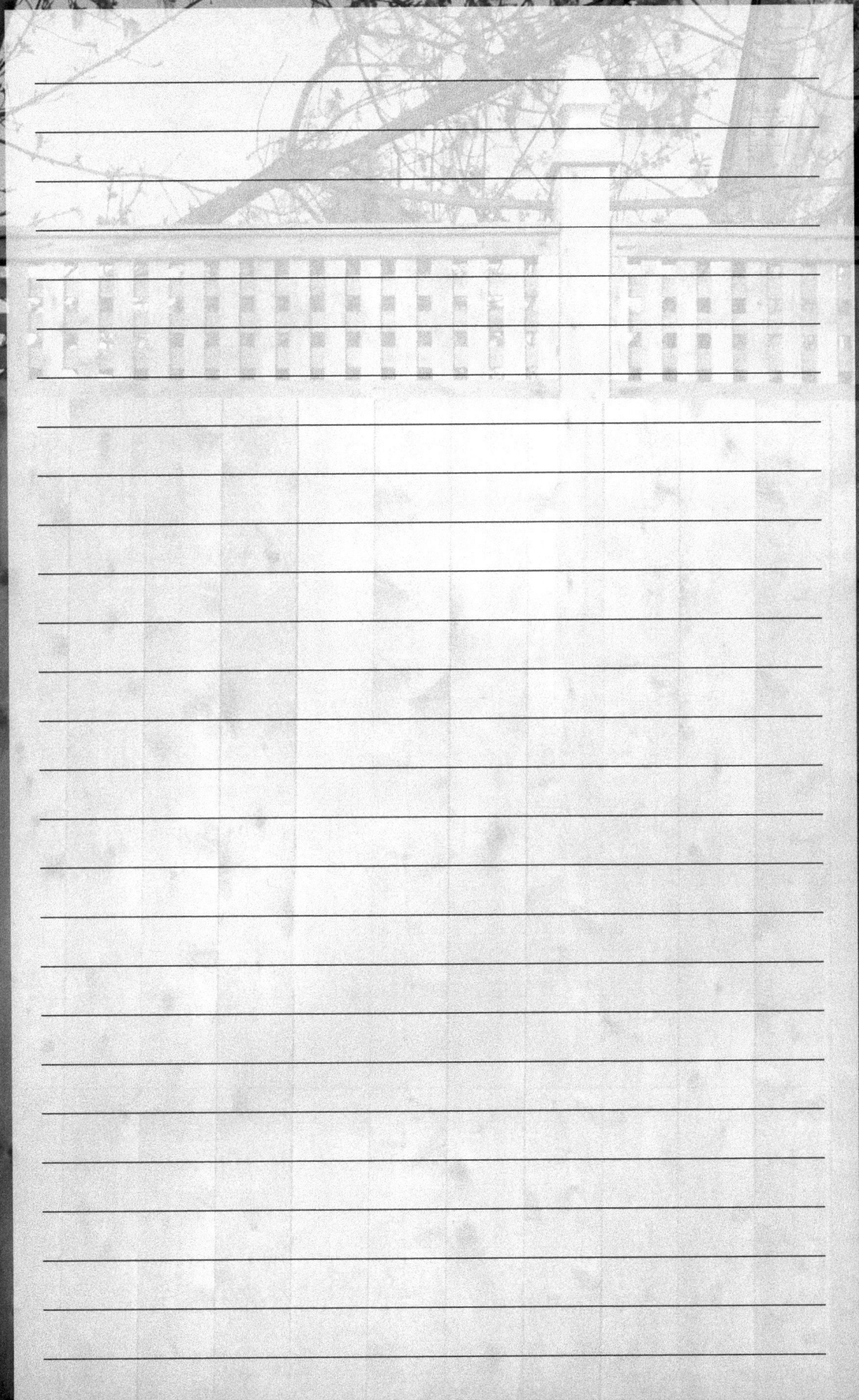

L'histoire la plus Drôle qui m'est Arrivée est...

CE QUE-J'AI FAIT
DE PLUS GENTI
POUR QUELQU'UN
ÉTAIT...

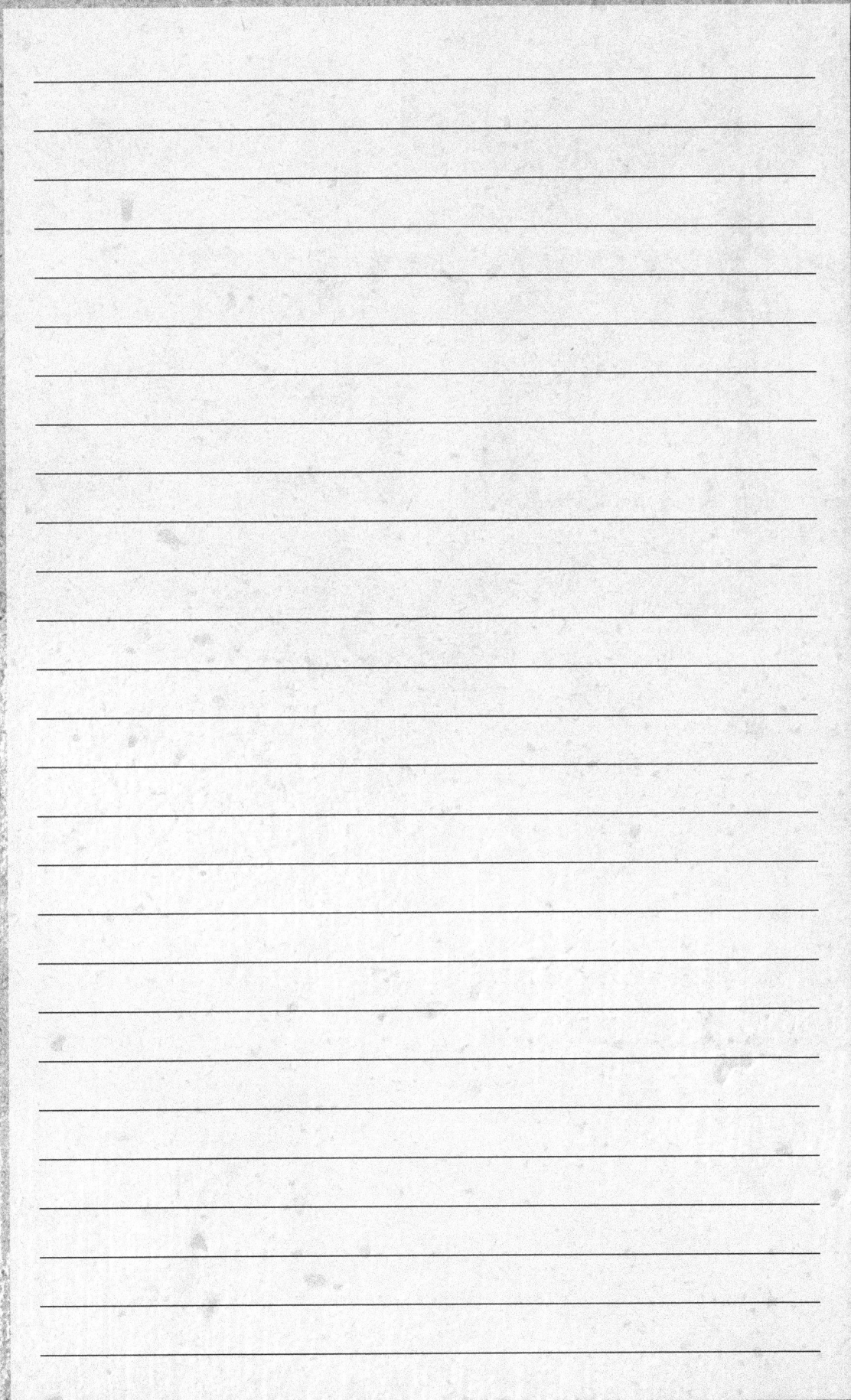

Le Livre Ou le
Film Qui a
Eu Le Plus
D'impact
Dans Ma
Vie Est...

J'ai
Beaucoup de
Respect
Pour...

L'enseignant(e)
Qui Se Soucie
Réellement
Des élèves Est...

Pourquoi ?

La Meilleure
chose a
faire à
l'exterieur
Est...

www.ingramcontent.com/pod-product-compliance
Lightning Source LLC
Chambersburg PA
CBHW080050280326

41934CB00014B/3268